谁执法谁普法

市场监管普法宣传册丛书

（漫画故事版）

工商行政管理普法宣传册

中国社会科学院法学研究所法治宣传教育与公法研究中心◎组织编写

总 顾 问：张苏军

总 主 编：莫纪宏

本册主编：陈百顺　陈　娟

中国出版集团
中国民主法制出版社
全国百佳图书出版单位

图书在版编目（CIP）数据

工商行政管理普法宣传册 ： 漫画故事版 / 中国社会科学院法学研究所法治宣传教育与公法研究中心组织编写 ； 陈百顺, 陈娟分册主编. -- 北京 ： 中国民主法制出版社, 2017.6

（市场监管普法宣传册丛书 / 莫纪宏总主编）

ISBN 978-7-5162-1554-8

Ⅰ. ①工… Ⅱ. ①中… ②陈… ③陈… Ⅲ. ①工商行政管理－法规－中国－通俗读物 Ⅳ. ①D922.295

中国版本图书馆CIP数据核字(2017)第163607号

责任编辑 / 严月仙
装帧设计 / 郑文娟

书　　名 / 工商行政管理普法宣传册（漫画故事版）
作　　者 / 中国社会科学院法学研究所法治宣传教育与公法研究中心
本册主编 / 陈百顺　陈　娟

出版·发行 / 中国民主法制出版社
社　　址 / 北京市丰台区右安门外玉林里7号（100069）
电　　话 / 010-62155988
传　　真 / 010-62168123
经　　销 / 新华书店
开　　本 / 880mm×1230mm　1/32
印　　张 / 2
字　　数 / 39千字
版　　本 / 2017年7月第1版　　2017年7月第1次印刷
印　　刷 / 北京精乐翔印刷有限公司

书　　号 / ISBN 978-7-5162-1554-8
本套定价 / 80.00元（共10册）

搞好法治宣传教育
营造良好法治氛围

为深入扎实推进“七五”普法工作，中国社会科学院法学研究所联合中国民主法制出版社组织专家学者精心编辑出版了“全面推进依法治国精品书库（六大系列）”，即《全国“七五”普法系列教材（以案释法版，25册）》《青少年法治教育系列教材（法治实践版，30册）》《新时期法治宣传教育工作理论与实务丛书（30册）》《“谁执法（主管）谁普法”系列丛书（以案释法版，80册）》《“七五”普法书架——以案释法系列丛书（60册）》和《“谁执法（主管）谁普法”系列宣传册（漫画故事版，100册）》。

其中，实行“谁执法谁普法，谁主管谁负责”是贯彻落实中央精神、贯彻实施“七五”普法规划、深入推进新一轮全国法治宣传教育活动的重要举措。这一重要举措的切实实施，有利于充分发挥执法部门、行业主管的职能优势和主导作用，扩大普法依法治理工作覆盖面，增强法治宣传教育的针对性、专业性，促进执法与普法工作的有机结合，有利于各部门、各行业分工负责、各司其职、齐抓共管的大普法工作格局的形成。

为了配合各地做好“谁执法谁普法，谁主管谁负责”工作，我们组织编写了这套《“谁执法（主管）谁普法”系列宣传册（漫画故事版，100册）》。该套丛书选取各行业执法或主管所涉及的法律法规的主要条文，以漫画故事的形式展开，深入浅出，通俗易懂，具有较强的实用性和操作性，对于增强广大干部群众的法治意识具有积极意义。

本套丛书在编写过程中得到了中国法学会领导和中国社会科学院法学研究所专家的大力支持。希望丛书的出版，能够为深入推进行业普法起到应有作用，更好地营造尊法学法守法用法的良好氛围。

本书编委会

2017年4月

丛书编委会名单

目　录

一、市场主体监管

漫画故事 1

涉外公司擅自经营

《外国（地区）企业在中国境内从事生产经营活动登记管理办法》：外国企业承包或接受委托经营管理外商投资企业应当办理登记注册。

根据调查显示，同城酒店管理有限公司（以下简称同城酒店）的住所地在澳大利亚新南威尔士州，登记注册类型是外国承包工程及提供劳务（承包商）。该酒店管理公司于2004年5月10日与北京某房地产开发有限公司签订管理协议，由其管理鑫源酒店。同城酒店根据管理协议的约定，收取基本管理费和奖励费。自2005年8月23日至2011年10月12日，北京市工商机关立案调查之日止，同城酒店一直未办理承包经营管理营业执照登记而从事承包经营管理酒店活动。在此期间，同城酒店收取基本管理费约120万元，奖励费约300万元，已缴纳税款约6.3万元。工商机关根据调查事实，作出对同城酒店非法经营给予行政处罚的决定。

案例点睛

近年来，外商企业在我国活动频繁，由于查办违法事实取证难，因此一直存在监管力度不够的现象。同城酒店管理公司的上述行为违反了《外国（地区）企业在中国境内从事生产经营活动登记管理办法》第三条第三项的规定，已构成未经核准登记，擅自开业从事经营活动的违法行为。另外，依据《中华人民共和国企业法人登记管理条例施行细则》的规定，未经核准登记擅自开业从事经营活动的，责令终止经营活动，没收非法所得，处以非法所得额3倍以下的罚款，但最高不超过3万元，没有非法所得的，处以1万元以下的罚款。因此，本案中工商机关有权对同城酒店作出相应处罚。

法条链接

《外国（地区）企业在中国境内从事生产经营活动登记管理办法》

第三条 根据国家现行法律、法规的规定，外国企业从事下列生产经营活动应办理登记注册：

（一）陆上、海洋的石油及其它矿产资源勘探开发；

（二）房屋、土木工程的建造、装饰或线路、管道、设备的安装等工程承包；

（三）承包或接受委托经营管理外商投资企业；

（四）外国银行在中国设立分行；

（五）国家允许从事的其它生产经营活动。

漫画故事 2

虚假出资

《中华人民共和国公司登记管理条例》：公司的发起人、股东虚假出资，未交付或者未按期交付作为出资的货币或者非货币财产的，由公司登记机关予以处罚。

2013年4月，张某、韩某、周某决定合伙创办一家公司。作为发起人，三人约定，张某出资100万元，韩某出资60万元，周某出资30万元。2013年5月，张某向当地工商行政管理部门申请办理登记。当地工商行政管理部门在审核过程中发现，张某和韩某两人的出资未交付。经催促后，张某和韩某在规定期限内都只缴纳了一部分出资。当地工商行政管理部门责令张某和韩某改正，并处以虚假出资金额10%的罚款。看着行政处罚决定书，张某、韩某傻眼了："原以为可以虚假出资，少缴注册资金，没想到反而被罚款。"2013年6月，在当地工商行政管理部门的督促下，张某和韩某补缴了出资的差额。2013年7月，当地工商行政管理部门向张某、韩某、周某合伙创办的公司颁发了营业执照。

案例点睛

《公司注册资本登记管理规定》规定，法律、行政法规以及国务院决定规定公司注册资本实缴的，其股东或者发起人虚假出资，未交付作为出资的货币或者非货币财产的，由公司登记机关依照《中华人民共和国公司登记管理条例》的相关规定予以处理。而《中华人民共和国公司登记管理条例》明确规定，公司的发起人、股东虚假出资，未交付或者未按期交付作为出资的货币或者非货币财产的，由公司登记机关责令改正，处以虚假出资金额5%以上15%以下的罚款。本案中，张某和韩某作为公司发起人虚假出资，未按期交付作为出资的货币财产，当地公司登记机关应责令其改正，并处以罚款。

法条链接

《公司注册资本登记管理规定》

第十六条 法律、行政法规以及国务院决定规定公司注册资本实缴的，其股东或者发起人虚假出资，未交付作为出资的货币或者非货币财产的，由公司登记机关依照《公司登记管理条例》的相关规定予以处理。

《中华人民共和国公司登记管理条例》

第六十五条 公司的发起人、股东虚假出资，未交付或者未按期交付作为出资的货币或者非货币财产的，由公司登记机关责令改正，处以虚假出资金额5%以上15%以下的罚款。

漫画故事3

虚假证明文件

《中华人民共和国公司登记管理条例》：承担资产评估、验资或者验证的机构提供虚假材料的，由公司登记机关没收违法所得，处以违法所得1倍以上5倍以下的罚款，并可以由有关主管部门依法吊销直接责任人员的资格证书。

2013年4月，陈某、杨某、翟某发起成立金友软件公司。除了陈某以货币出资500万元外，杨某以土地使用权出资，翟某以知识产权出资。按照法律的有关规定，应对杨某、翟某的出资进行资产评估。在资产评估过程中，杨某、翟某贿赂资产评估机构工作人员，要求其出具虚假的证明文件。结果，评估出来的土地使用权、知识产权价格都远高于其实际价值。2013年7月，因杨某的土地使用权、翟某的知识产权的估值过高，当地公司登记机关展开检查，发现了资产评估机构的违法行为。2013年8月，当地公司登记机关没收该资产评估机构违法所得，并处以违法所得3倍罚款，直接责任人员的资产评估从业证书也被吊销。

案例点睛

本案中，承担资产评估、验资或者验证的机构在为杨某的土地使用权、翟某的知识产权进行资产评估的过程中，评估出来的土地使用权、知识产权价格都远高于其实际价值，并且提供虚假证明文件，根据《中华人民共和国公司登记管理条例》的规定，当地的公司登记机关没收该资产评估机构违法所得并处罚款，对直接责任人员也相应地进行处罚的做法是恰当的。

法条链接

《中华人民共和国公司登记管理条例》

第七十三条 承担资产评估、验资或者验证的机构提供虚假材料的，由公司登记机关没收违法所得，处以违法所得1倍以上5倍以下的罚款，并可以由有关主管部门依法责令该机构停业、吊销直接责任人员的资格证书，吊销营业执照。

承担资产评估、验资或者验证的机构因过失提供有重大遗漏的报告的，由公司登记机关责令改正，情节较重的，处以所得收入1倍以上5倍以下的罚款，并可以由有关主管部门依法责令该机构停业、吊销直接责任人员的资格证书，吊销营业执照。

漫画故事4

无照经营

《无照经营查处取缔办法》：应当取得而未依法取得许可证或者其他批准文件和营业执照，擅自从事经营活动的无照经营行为由工商行政管理部门依照本办法的规定予以查处。

某市市场监督管理局某基层所接到群众举报，称位于该市某街道的某纯净水厂生产的纯净水标榜能延缓衰老。随后，执法人员赶到该纯净水厂，发现该纯净水厂仓库里堆放着一批刚生产包装好，等待销售的桶装纯净水。桶上的标签明确标注“弱碱性饮用水（入口甘甜）有效改善碱性体质，延缓衰老”字样。执法人员要求该纯净水厂出示经营许可证，提供“弱碱性饮用水（入口甘甜）有效改善碱性体质，延缓衰老”的相关证明材料，厂家无法提供。执法人员询问相关缘由，该纯净水厂负责人李某说，他看见小区饮用水需求量大，于是他就想开办一家纯净水厂，到工商局申请营业执照，因为材料不齐全，要求补充，他嫌麻烦，就想过段时间再说。于是，他在没有办理工商登记的情况下，于2010年9月3日在该市某街道开办了这家纯净水厂。为了更好地营销，特意在纯净水瓶子上印制了标有“弱碱性饮用水（入口甘甜）有效改善碱性体质，延缓衰老”字样的标签，第一批生产1500桶。随后，将这批纯净水以每桶2.5元的批发价销往当地及周边一带的农村小店。

案例点睛

无照经营是指未按照法律和法规规定取得许可审批部门颁发的许可证以及未向工商行政管理部门申请工商登记，领取营业执照，擅自从事经营活动的行为。该纯净水生产者，在未办理核准登记的情况下，擅自生产纯净水并虚假宣传销售，已经违反了法律规定，是违法行为。根据《无照经营查处取缔办法》的规定，应当取得而未依法取得许可证或者其他批准文件和营业执照，擅自从事经营活动的无照经营行为，由工商行政管理部门依照该办法的规定予以查处。因此，本案中工商行政部门有权对该无照经营的纯净水厂作出依法取缔并处以罚款的行政处罚决定。

法条链接

《无照经营查处取缔办法》

第四条 下列违法行为，由工商行政管理部门依照本办法的规定予以查处：

（一）应当取得而未依法取得许可证或者其他批准文件和营业执照，擅自从事经营活动的无照经营行为；

（二）无须取得许可证或者其他批准文件即可取得营业执照而未依法取得营业执照，擅自从事经营活动的无照经营行为；

（三）已经依法取得许可证或者其他批准文件，但未依法取得营业执照，擅自从事经营活动的无照经营行为；

（四）已经办理注销登记或者被吊销营业执照，以及营业执照有效期届满后未按照规定重新办理登记手续，擅自继续从事经营活动的无照经营行为；

（五）超出核准登记的经营范围、擅自从事应当取得许可证或者其他批准文件方可从事的经营活动的违法经营行为。

前款第（一）项、第（五）项规定的行为，公安、国土资源、建设、文化、卫生、质检、环保、新闻出版、药监、安全生产监督管理等许可审批部门（以下简称许可审批部门）亦应当依照法律、法规赋予的职责予以查处。但是，对当事人的同一个违法行为，不得给予两次以上罚款的行政处罚。

二、市场秩序监管

漫画故事 5

赔本大销售

《中华人民共和国反不正当竞争法》：经营者不得以排挤竞争对手为目的，以低于成本的价格销售商品。

A鞋业公司是一家新成立的经营各种品牌鞋的公司，经营产品包括花花公子、好人缘、骆驼、苹果、金利来等几十个知名品牌。面对市场的激烈竞争形势，为了快速占领市场，获得暴利，A鞋业公司领导在会议上作出重要指示，花花公子、好人缘、骆驼、苹果、金利来等几十个知名品牌鞋都要低于进货价销售，待到挤垮同行后提价。接下来，A鞋业公司做了大量的宣传促销活动，吸引了众多消费者。同时，其他经营同类商品的商铺生意却日渐冷清。B鞋业公司在调查相关情况后，认为A鞋业公司的行为属于低价销售行为，损害了同行业其他经营者的利益，违反了反不正当竞争法，于是向工商行政管理部门举报了A鞋业公司。工商执法人员查看了A鞋业公司的进货票据，又查看了进货合同，经过详细比对，发现A鞋业公司经营的金利来、骆驼、花花公子等几十个知名品牌，总价值几百万元的商品都低于成本价销售。在确凿的证据面前，A鞋业公司负责人道出了实情。工商行政管理部门对该企业进行了查处。

案例点睛

低价销售又称掠夺性定价，指经营者以排挤竞争对手和垄断市场份额为目的，以低于商品成本价销售商品或提供服务的行为。采取低价销售策略的商家其目的是先以低价销售手段快速占领市场，待到挤垮同行后再提价，最终获取暴利。低价销售行为扰乱市场经济秩序，损害合法经营者的利益，最终的受害者还是广大消费者，因此法律严厉制止低价销售行为。本案中，A鞋业公司为牟取暴利，以低于进货价销售产品，损害了其他合法经营者的利益，违反了反不正当竞争法。因此，工商行政管理部门依法对该企业进行了查处。

法条链接

《中华人民共和国反不正当竞争法》

第十一条 经营者不得以排挤竞争对手为目的，以低于成本的价格销售商品。

有下列情形之一的，不属于不正当竞争行为：

（一）销售鲜活商品；

（二）处理有效期限即将到期的商品或者其他积压的商品；

（三）季节性降价；

（四）因清偿债务、转产、歇业降价销售商品。

漫画故事 6

商业贿赂

《中华人民共和国反不正当竞争法》：经营者给对方折扣、给中间人佣金的，必须如实入账。接受折扣、佣金的经营者必须如实入账。

2014年，江苏省某县的运输管理所与当地两家保险公司达成协议，代为征收"货物运输保险费"，并经中国人民银行当地分行批准，设立某县运输管理所保险代理处。同年，该运输管理所分别在其收费电脑中设置两家保险公司保单程序，利用运输征管权力，在征收养路费、公路建设基金等规费时，合并开具一张缴费单，强制车主缴纳本应由车主自愿参加保险的货物运输保险费。至2015年6月，该运输管理所采用上述手段指定该县所属的货车车主向两家保险公司缴纳货物运输保险费约80万元。一年中，两家保险公司给付该运输管理所超过财政部规定最高支付标准的代理手续费、奖励费共计近33万元，该运输管理所的上述所得均未按财务会计制度规定明确如实记入法定账目。该市市工商局经调查取证后认为，该运输管理所凭借行政管理职权，强制缴费人员办理保险，并超规定标准收取两家保险公司手续费、奖励费的行为构成反不正当竞争法第八条所规定的商业贿赂行为。

案例点睛

本案中，该运输管理所为两家保险公司代理保险业务时，其从事的已不再是依据法律、法规授权的依法征收运输管理费等行政行为，而是以保险代理人身份实施了以营利为目的、赚取佣金（保险代理手续费）的民事行为，所以本案中的运输管理所从事的保险代理业务，属于反不正当竞争法所调整的“经营者”范围。

经营者销售或者购买商品，可以以明示方式给对方折扣，可以给中间人佣金。经营者给对方折扣、给中间人佣金的，必须如实入账。接受折扣、佣金的经营者必须如实入账。根据保险法第一百一十九条规定，该运输管理所从事保险代理业务，并没有取得保险监督管理机构颁发的经营保险代理业务许可证，其不具有合法的经营资格，不能从事保险代理业务，更不能收取佣金。两家保险公司为了销售其商品（即货物运输险），以佣金（代理手续费）的名义给予无合法经营资格、不能收取佣金的该运输管理所以财物，符合商业贿赂的特征。故本案中该运输管理所收取保险代理手续费的行为系商业贿赂行为。

法条链接

《中华人民共和国反不正当竞争法》

第八条 经营者不得采用财物或者其他手段进行贿赂以销售或者购买商品。在账外暗中给予对方单位或者个人回扣的，以行贿论处；对方单位或者个人在账外暗中收受回扣的，以受贿论处。

经营者销售或者购买商品，可以以明示方式给对方折扣，可以给中间人佣金。经营者给对方折扣、给中间人佣金的，必须如实入账。接受折扣、佣金的经营者必须如实入账。

漫画故事 7

有奖销售

《中华人民共和国反不正当竞争法》：经营者违反规定进行有奖销售的，监督检查部门应当责令停止违法行为，可以根据情节处以一万元以上十万元以下的罚款。

2007年7月25日，某县工商行政管理局执法人员在市场巡查时，发现某食品有限公司为促销其“Q猪”系列产品，于2007年6月开始筹划开展了“Q猪好大运”有奖销售活动。奖项为：特等奖1名，奇瑞QQ汽车1辆（1年使用权）（限1名）；一等奖10名，品牌手提电脑1台。县工商局认为该公司涉嫌违法巨奖销售，进行立案调查。2007年7月30日、8月21日，县工商局分别向该公司发出询问通知书和听证告知书。该公司对询问通知书予以回复，但放弃了听证。县工商局经2007年9月5日复核，9月11日作出工商行政处罚决定书，认定该公司违反了反不正当竞争法第十三条第（三）项的规定，责令其停止该违法行为，并处以罚款人民币6万元整，上缴国库。

案例点睛

根据反不正当竞争法第十三条规定，经营者不得从事下列有奖销售：（1）采用谎称有奖或者故意让内定人员中奖的欺骗方式进行有奖销售；（2）利用有奖销售的手段推销质次价高的商品；（3）抽奖式的有奖销售，最高奖的金额超过五千元。据此可知，该食品有限公司有奖销售设立的奖项超出了法律规定的“最高奖的金额超过五千元”的设限，属于违法行为。县工商局作为反不正当竞争法在行政执法领域内的主要执法机关，有权对市场主体的违法经营行为作出行政处罚。

法条链接

《中华人民共和国反不正当竞争法》

第十六条 县级以上监督检查部门对不正当竞争行为，可以进行监督检查。

第二十六条 经营者违反本法第十三条规定进行有奖销售的，监督检查部门应当责令停止违法行为，可以根据情节处以一万元以上十万元以下的罚款。

漫画故事 8

垄断调查

《中华人民共和国反垄断法》：反垄断执法机构依法对涉嫌垄断行为进行调查。

在北昌市，天兴集团在行业内占据支配地位。2010年3月，天兴集团在其生产的某商品上搭售商品，被消费者举报，当地的反垄断执法机构随即介入调查。在调查过程中，当地反垄断执法机构工作人员进入天兴集团的多家营业场所进行了检查，询问了大量顾客，并扣押了一部分搭售商品作为证据。经初步认定，天兴集团存在搭售商品和强迫用户购买的行为。执法机构工作人员对调查情况制作了笔录，并要求相关被询问人签字。天兴集团在被反垄断执法机构调查后表示不再搭售商品，已经搭售的商品予以收回，并返还消费者因此支付的额外费用。得到承诺后，反垄断执法机构暂时中止了对天兴集团涉嫌垄断行为的调查。天兴集团按照承诺对搭售的商品进行了回收，并通过当地电视台对企业的违法行为公开道歉。由于履行了相关承诺，反垄断执法机构终止了对天兴集团涉嫌垄断行为的调查。

案例点睛

对涉嫌垄断行为，任何单位和个人有权向反垄断执法机构举报，反垄断执法机构应当依法对涉嫌垄断行为进行调查。反垄断执法机构调查涉嫌垄断行为，可以采取下列措施：（1）进入被调查的经营者的营业场所或者其他有关场所进行检查；（2）询问被调查的经营者、利害关系人或者其他有关单位或者个人，要求其说明有关情况；（3）查阅、复制被调查的经营者、利害关系人或者其他有关单位或者个人的有关单证、协议、会计账簿、业务函电、电子数据等文件、资料；（4）查封、扣押相关证据；（5）查询经营者的银行账户。被调查的经营者承诺在反垄断执法机构认可的期限内采取具体措施消除该行为后果的，反垄断执法机构可以决定中止调查。经营者履行承诺的，反垄断执法机构可以决定终止调查。

本案中，天兴集团利用在当地市场的支配地位非法搭售商品，属于滥用市场支配地位的垄断行为。在反垄断执法机构介入调查后，天兴集团及时纠正了自己的违法行为，消除了不良影响，反垄断执法机构也终止了对天兴集团涉嫌垄断行为的调查。

法条链接

《中华人民共和国反垄断法》

第三十八条 反垄断执法机构依法对涉嫌垄断行为进行调查。

对涉嫌垄断行为，任何单位和个人有权向反垄断执法机构举报。反垄断执法机构应当为举报人保密。

举报采用书面形式并提供相关事实和证据的，反垄断执法机构应当进行必要的调查。

第四十四条 反垄断执法机构对涉嫌垄断行为调查核实后，认为构成垄断行为的，应当依法作出处理决定，并可以向社会公布。

漫画故事9

可口可乐收购汇源果汁

《中华人民共和国反垄断法》：经营者集中具有或者可能具有排除、限制竞争效果的，国务院反垄断执法机构应当作出禁止经营者集中的决定。

可口可乐公司是中国市场上最大的碳酸饮料供应商，市场占有率达52.5%。汇源果汁公司是中国最大的纯果汁生产商，在这一高端市场占有33%的份额。可口可乐也出售果汁饮料，它与汇源果汁公司在中国果汁和蔬菜汁市场合计占有20.3%的份额。2008年9月3日，可口可乐公司宣布以24亿美元收购汇源果汁公司。汇源果汁公司也同时公告，称可口可乐公司旗下全资附属公司以179.2亿港元收购汇源果汁全部已发行股本。2008年9月18日，可口可乐公司向商务部递交了申报材料。

可口可乐和汇源果汁公司，两家都是饮料市场上占据大份额的供应商，其收购行为是经营者集中，涉嫌垄断行为，因此其收购行为必须经商务部审查。审查工作结束后，根据反垄断法的规定，商务部认为，此项经营者集中具有排除、限制竞争效果，将对中国果汁饮料市场有效竞争和果汁产业健康发展产生不利影响。鉴于参与集中的经营者没有提供充足的证据证明集中对竞争产生的有利影响明显大于不利影响或者符合社会公共利益，在规定的时间内，可口可乐公司也没有提出可行的减少不利影响的解决方案。据此，商务部作出禁止此项经营者集中的决定。

案例点睛

经营者集中包括经营者合并、经营者通过取得股权或者资产的方式取得对其他经营者的控制权、经营者通过合同等方式取得对其他经营者的控制权或者能够对其他经营者施加决定性影响等情形。按照反垄断法的规定，参与集中的一个经营者拥有其他每个经营者百分之五十以上有表决权的股份或者资产的，参与集中的每个经营者百分之五十以上有表决权的股份或者资产被同一个未参与集中的经营者拥有的，可以不向国务院反垄断执法机构申报，其他的经营者集中行为都必须按照规定进行申报。申报需要向国务院反垄断执法机构提交申报书、集中协议、集中对相关市场竞争状况影响的说明等文件、资料，国务院反垄断执法机构根据具体情况作出是否禁止经营者集中的决定。

本案中，可口可乐和汇源果汁两家企业，是饮料市场上占据大份额的供应商，两家企业的合并势必导致垄断的发生，不利于行业的竞争和发展。因此，商务部经审查后最终作出了禁止经营者集中的决定。

法条链接

《中华人民共和国反垄断法》

第二十八条 经营者集中具有或者可能具有排除、限制竞争效果的，国务院反垄断执法机构应当作出禁止经营者集中的决定。但是，经营者能够证明该集中对竞争产生的有利影响明显大于不利影响，或者符合社会公共利益的，国务院反垄断执法机构可以作出对经营者集中不予禁止的决定。

三、市场规范管理

漫画故事 10

虚构的公司

《合同违法行为监督处理办法》：当事人不得虚构合同主体资格或者盗用、冒用他人名义订立合同。

高利很喜欢看商战片，十分崇敬那些能“空手套白狼”的“英雄”。某天，高利找到好友孙晓和郭小兰，准备去干一件“大事”。翌日早晨，三人西装革履，拿着伪造的营业执照等材料，先后和两家单位签订了建筑工程施工合同，承建两个乡镇的三处集贸市场门市房工程，总面积达700多平方米。从开发商那里，高利、孙晓和郭小兰共收到预付工程款100万元人民币，三人平分后潜逃。几天后，签约的两个乡镇的负责人来进一步接洽合作事宜，却发现已人去楼空。两位负责人觉得形势不对，马上报了警。最终高利、孙晓和郭小兰被抓获，等待他们的将是法律的严惩。

案例点睛

本案中高利等三人的行为属于利用合同进行欺诈的行为。三人在未获得营业执照，不具备履约能力的情况下，擅自以虚构的主体资格与他人签订建筑工程施工合同，严重违反了《合同违法行为监督处理办法》的规定，由于数额巨大，已构成合同诈骗罪，应予刑事处罚。

法条链接

《合同违法行为监督处理办法》

第六条 当事人不得利用合同实施下列欺诈行为：

（一）伪造合同；

（二）虚构合同主体资格或者盗用、冒用他人名义订立合同；

（三）虚构合同标的或者虚构货源、销售渠道诱人订立、履行合同；

（四）发布或者利用虚假信息，诱人订立合同；

（五）隐瞒重要事实，诱骗对方当事人做出错误的意思表示订立合同，或者诱骗对方当事人履行合同；

（六）没有实际履行能力，以先履行小额合同或者部分履行合同的方法，诱骗对方当事人订立、履行合同；

（七）恶意设置事实上不能履行的条款，造成对方当事人无法履行合同；

（八）编造虚假理由中止（终止）合同，骗取财物；
（九）提供虚假担保；
（十）采用其他欺诈手段订立、履行合同。

漫画故事 11

商场游乐园

《合同违法行为监督处理办法》：经营者不得在格式条款中排除消费者请求损害赔偿的权利。

周末，明明妈妈带着6岁的明明去逛商场，买了很多东西。明明不喜欢逛街，哭着闹着要回家。该大型商场为了给带孩子的家长提供购物方便，专门为孩子设置了游乐园。明明妈妈把明明送到儿童游乐园，明明特别高兴，再也不哭不闹了。半个小时后，明明妈妈购物回来，看到明明正在游乐园里玩小蹦床。妈妈叫明明，明明回头时一脚踏空，从蹦床上摔了下来。明明妈妈急忙跑过去，抱起明明就往医院跑。经医院诊断，明明的左腿发生了严重骨折。明明妈妈拿着诊断证明，觉得商场方设置偌大的一个游乐园却没有一个管理人员，对明明受伤也有责任。于是明明妈妈找到商场的负责人要求赔偿，负责人却指着一个公告牌说道：“你难道没看到公告栏吗？儿童在此游玩，发生事故本商场拒不负责。”明明妈妈觉得这是霸王

条款，坚决要讨回公道，最终经双方协商，由商场方赔偿明明医药费2000元。

案例点睛

根据《中华人民共和国消费者权益保护法》的规定："消费者在购买、使用商品和接受服务时享有人身、财产安全不受损害的权利。"经营者应当保证其提供的商品或者服务能够保障消费者的人身、财产安全。经营者在合理限度范围内没有尽到安全保障义务，致使他人遭受人身损害的，应当给予赔偿。

本案中，公告牌"儿童在此游玩，发生事故本商场拒不负责"属于典型的格式条款，加重了消费者的责任，如果消费者人身或者财产方面的权利受到侵犯，经营者在合理限度范围内没有尽到安全保障义务的，应当给予赔偿，不应在格式条款中排除消费者请求损害赔偿的权利。明明的左腿发生了严重骨折，而游乐园没有设专门的管理人员，没有尽到安全保障义务，理应赔偿。

法条链接

《合同违法行为监督处理办法》

第十条 经营者与消费者采用格式条款订立合同的，经营者不得在格式条款中加重消费者下列责任：

（一）违约金或者损害赔偿金超过法定数额或者合理数额；

（二）承担应当由格式条款提供方承担的经营风险

责任；

（三）其他依照法律法规不应由消费者承担的责任。

第十一条 经营者与消费者采用格式条款订立合同的，经营者不得在格式条款中排除消费者下列权利：

（一）依法变更或者解除合同的权利；

（二）请求支付违约金的权利；

（三）请求损害赔偿的权利；

（四）解释格式条款的权利；

（五）就格式条款争议提起诉讼的权利；

（六）消费者依法应当享有的其他权利。

漫画故事12

远离传销

《禁止传销条例》：组织者或者经营者通过发展人员，要求被发展人员交纳费用或者以认购商品等方式变相交纳费用，取得加入或者发展其他人员加入的资格，牟取非法利益的是传销行为。

2008年12月以来，江西某生活投资发展有限公司实际控制人唐某以“太平洋直购官方网”电子商务为幌子，以发展下线获取层级返利为诱饵，通过“拉人头”“收取入门费”等方式发展渠道商，收取保证金，攫取巨额财物。

唐某等人设计出以虚拟货币PV为计量单位的会员消费积分返利等制度，以高额利润为诱饵，通过招商会、互联网等多种途径进行宣传。在这一制度引诱下，参加人员纷纷以交纳保证金的方式获得加入资格，又为获得保证金的返还和更大比例的返利，再继续发展新的人员加入。

截至案发，江西某生活投资发展有限公司共发展渠道商12.15万名、其他会员676.76万名、实际收取保证金37.98亿元。

案例点睛

本案中，唐某等人以开展电子商务为名，要求参加者以购买商品或交纳保证金方式获得加入资格，并按一定顺序组成层级，间接以发展人数作为返利依据，骗取巨额保证金，根据《禁止传销条例》的规定，此行为应当被认定为传销行为。唐某等人的行为已经严重扰乱了社会经济秩序，均构成组织、领导传销活动罪，且情节严重，应当受到相应的处罚。

法条链接

《禁止传销条例》

第七条 下列行为，属于传销行为：

（一）组织者或者经营者通过发展人员，要求被发展人员发展其他人员加入，对发展的人员以其直接或者间接滚动发展的人员数量为依据计算和给付报酬（包括物质奖励和其他经济利益，下同），牟取非法利益的；

（二）组织者或者经营者通过发展人员，要求被发展人员交纳费用或者以认购商品等方式变相交纳费用，取得加入或者发展其他人员加入的资格，牟取非法利益的；

（三）组织者或者经营者通过发展人员，要求被发展人员发展其他人员加入，形成上下线关系，并以下线的销售业绩为依据计算和给付上线报酬，牟取非法利益的。

漫画故事 13

传销场所

《禁止传销条例》：为禁止传销条例所规定的传销行为提供经营场所、培训场所、货源、保管、仓储等条件的将受处罚。

2012年5月11日在清远市开展打击传销专项行动中，清城区洲心街执法人员在下南村218-219号房屋进行清查时，多次要求出租屋主开门接受检查，均无人理睬，大约半小时后，出租屋主欧某才勉强开了院内大门。当执法人员要求上楼清查时，欧某以没有楼房钥匙为由，进一步阻拦检查，并反复强调他家没有传销人员，同时表示出对清查行动的极大不满，之后他撇开正在执行公务的执法人员愤然而去。执法人员当场查获13名传销人员，现场发现了大量的传销物品和资料。经查实，该出租屋一至三层全部出租给传销人员居

住和上课。即日，清城区公安分局依法对屋主欧某进行了传讯，并作出行政拘留10天的处罚。清远市工商局依据《禁止传销条例》的有关规定对出租屋主作出没收非法所得，并处以5万元罚款的行政处罚。

案例点睛

本案中，执法人员在打击传销专项行动中对相关场所进行清查时，出租屋主不配合，勉强打开出租屋大院后仍以没有楼房钥匙为由阻拦检查，但最终执法人员当场查获多名传销人员。

经查实，欧某将房屋出租给传销人员，为传销行为提供了居住和培训场所，违反了《禁止传销条例》的规定，工商行政管理部门有权作出没收欧某非法所得，并处罚款的行政处罚决定。

法条链接

《禁止传销条例》

第二十六条第一款 为本条例第七条规定的传销行为提供经营场所、培训场所、货源、保管、仓储等条件的，由工商行政管理部门责令停止违法行为，没收违法所得，处5万元以上50万元以下的罚款。

漫画故事 14

未经批准的直销

《直销管理条例》：国务院商务主管部门经征求国务院工商行政管理部门的意见，作出批准或者不予批准的决定。予以批准的，由国务院商务主管部门颁发直销经营许可证。

广州某贸易有限公司（当事人）于2013年10月15日与南京某科技发展有限公司（以下简称南京某公司）签订《产品供货协议》，约定由南京某公司提供“LACA”品牌内衣给当事人在广州地区代理销售，当事人按照该公司规定的价格销售“LACA”品牌内衣。2013年11月至2014年10月间，当事人未经工商部门核准登记，擅自将住所变更至天河区黄埔大道某酒店14楼从事经营活动，且在未经国务院商务主管部门批准成为直销企业的情况下，招募25名直销员，由直销员采用私人聚会等方式，在非固定场所销售“LACA”内衣等系列产品，销售金额达4500690元，向25名直销员发放奖金1350207元。当事人的直销行为遭人举报，广州市工商局进行立案调查后对当事人作出了处罚。

案例点睛

本案中，广州某贸易有限公司（当事人），在未取得《直销经营许可证》的情况下，招聘直销员推销其代理的南京某公司“LACA”品牌内衣，根据《直销管理条例》的规定，申请成为直销企业，必须提交申请文件、资料，获取《直销经营许可证》，因此本案中广州某贸易有限公司未经批准从事直销活动的行为明显违法，广州市工商局立案调查后对当事人的违法行为作出处罚，有理有据。

法条链接

《直销管理条例》

第九条第一款 申请人应当通过所在地省、自治区、直辖市商务主管部门向国务院商务主管部门提出申请。省、自治区、直辖市商务主管部门应当自收到申请文件、资料之日起7日内，将申请文件、资料报送国务院商务主管部门。国务院商务主管部门应当自收到全部申请文件、资料之日起90日内，经征求国务院工商行政管理部门的意见，作出批准或者不予批准的决定。予以批准的，由国务院商务主管部门颁发直销经营许可证。

第三十六条 工商行政管理部门实施日常监督管理，发现有关企业有涉嫌违反本条例行为的，经县级以上工商行政管理部门主要负责人批准，可以责令其暂时停止有关的经营活动。

漫画故事 15

直销培训

《直销管理条例》：直销企业以外的单位和个人，不得以任何名义组织直销员业务培训。

2013年7月，湛江市工商执法部门接到群众投诉举报后，到位于湛江开发区人民大道中的标注有“三生湛江服务中心”字样的经营场所进行检查。在现场检查中发现，赖某某于2012年4月至5月期间开始经营三生（中国）健康产业有限公司（未取得广东省直销经营许可，以下简称“三生公司”）的产品。期间，赖某某为发展销售团队，招募产品客户，增加其经销的产品销量，在其经营场所设置投影仪、投影屏幕、音箱麦克风、台凳等设备。在三生公司并未知情的情况下以“三生湛江服务中心”名义通过组织课程、分享会等方式举办由消费者及有意向从事直销事业等人员参加的直销培训活动，其目的在于让参加会议的人员将手中的商品推销出去。

案例点睛

本案中，赖某某为自然人而并非直销企业，但其通过组织课程、分享会等方式，以三生公司的规程形式吸引顾客，组织对有兴趣参加三生公司事业的人员进行直销模式及营销方面知识的培训，该行为已经构成擅自组织直销培训的行为，违反了《直销管理条例》中“直销企业以外的单位和个人，不得以任何名义组织直销员业务培训”的规定。对此，工商机关依法对赖某某作出罚款12万元的行政处罚。

法条链接

《直销管理条例》

第十八条 直销企业应当对拟招募的直销员进行业务培训和考试，考试合格后由直销企业颁发直销员证。未取得直销员证，任何人不得从事直销活动。

直销企业进行直销员业务培训和考试，不得收取任何费用。

直销企业以外的单位和个人，不得以任何名义组织直销员业务培训。

四、商标监管

漫画故事 16

商标注册

《中华人民共和国商标法》：就相同或者类似商品申请注册的商标是复制、摹仿或者翻译他人未在中国注册的驰名商标，容易导致混淆的，不予注册并禁止使用。

徐某于2010年7月30日提出注册申请“丰田丰”商标，指定使用在第44类水龙头、地漏等商品上。2013年6月28日，丰田汽车公司不服商标局作出核准注册裁定，向商标评审委员会申请复审。申请人复审的主要理由为：申请人是世界最著名的汽车公司之一，其使用在第12类汽车及其零配件商品上的“丰田”商标于2006年被商标局认定为驰名商标。被异议商标完整包含申请人的“丰田”商标，其注册和申请极易误导公众，并损害申请人驰名商标利益。因此，申请人请求依据修改前的商标法第十三条第二款等规定，不予核准被异议商标的注册申请。对此，被申请人答辩称：申请人商标虽然在汽车行业曾被认定为中国驰名商标，但其跨类受保护应该是有限的，请求核准被异议商标的注册。

案例点睛

商标评审委员会经审理认为，申请人提供的相关宣传及使用证据可以证明，“丰田”商标在被异议商标申请注册前在汽车及其零配件商品上经过申请人长期、广泛的使用与宣传，已在中国大陆地区建立了较高知名度及广泛的影响力，为相关消费者普遍知晓，已达到驰名商标的知名程度，根据商标法第十四条的规定可以认定为驰名商标。被异议商标“丰田丰”完整包含引证商标“丰田”，两商标高度近似。虽然被异议商标初步审定的水龙头、洗涤槽等商品与申请人“丰田”商标赖以驰名的汽车及其零配件商品并非密切相关，但是被异议商标的使用在客观上易使消费者产生联想，从而削弱“丰田”商标作为驰名商标所具有的显著性和良好商誉，致使驰名商标所有人的利益受到损害。因此，被异议商标的注册使用构成商标法第十三条第三款所指的情形，对被异议商标不予核准注册。

法条链接

《中华人民共和国商标法》

第十三条 为相关公众所熟知的商标，持有人认为其权利受到侵害时，可以依照本法规定请求驰名商标保护。

就相同或者类似商品申请注册的商标是复制、摹仿或者翻译他人未在中国注册的驰名商标，容易导致混淆的，不予注册并禁止使用。

就不相同或者不相类似商品申请注册的商标是复制、摹仿或者翻译他人已经在中国注册的驰名商标，误导公众，致使该驰名商标注册人的利益可能受到损害的，不予注册并禁止使用。

漫画故事 17

商标侵权

《中华人民共和国商标法》：工商行政管理部门处理侵犯注册商标专用权行为时，认定侵权行为成立的，责令立即停止侵权行为。

曹某于2014年4月28日在某市工商行政管理局办理了某市玖坤加油站企业名称预先核准，开始在某市杨各庄镇杨各庄村西筹办某市玖坤加油站，有4台加油机，雇工2人，对外销售0# 柴油和93# 汽油。加油站罩棚、加油机、西边入口处的灯箱上标注："中国石化、SINOPEC、中国石化＋朝阳图案"等中国石化商标标识，而这些商标标识是经国家工商行政管理总局商标局核准，属于中国石油化工集团依法享有专用权的注册商标。

2014年5月23日，某市工商局接到举报，称该地曹某开办的加油站标有中国石化标识。某市工商局执法人员检查后发现当事人经营的加油站标

注有“中国石化、SINOPEC、中国石化＋朝阳图案”等内容，正在从事对外加油业务，涉嫌侵犯中国石油化工集团的注册商标专用权。某市工商局查处后作出了相应处罚。

案例点睛

未经商标注册人的许可，在同一种商品上使用与其注册商标相同的商标的行为，构成侵犯商标专用权。曹某的上述行为侵犯了中国石油化工集团的注册商标专用权。某市工商行政管理部门处理时，认定曹某的行为构成商标侵权的，应责令曹某立即停止侵权行为，根据规定，视违法经营额的具体金额处以罚款，有其他情节的还应给予相应处罚。

法条链接

《中华人民共和国商标法》

第五十七条第一项 有下列行为之一的，均属侵犯注册商标专用权：

（一）未经商标注册人的许可，在同一种商品上使用与其注册商标相同的商标的；

第六十条第二款 工商行政管理部门处理时，认定侵权行为成立的，责令立即停止侵权行为，没收、销毁侵权商品和主要用于制造侵权商品、伪造注册商标标识的工具，违法经营额五万元以上的，可以处违法经营额五倍以下的罚款，没有违法经营额或者违法经营额不足五万元的，可以处二十五万元以下的罚款。对五年内实施两次以上商标侵权行为或者有其他严重情节的，应当从重处罚。销售不知道是侵犯注册商标专用权的商品，能证明该商品是自己合法取得并说明提供者的，由工商行政管理部门责令停止销售。

漫画故事 18

“稻香村”商标纠纷

《中华人民共和国商标法》：申请注册的商标，同他人类似商品上已经注册的或者初步审定的商标相同或者近似的，由商标局驳回申请。

北京稻香村食品集团于1996年1月提出“稻香村”商标（简称引证商标）的注册申请，并于1997年5月获准注册，核定使用商品为第30类的馅饼、饺子、年糕、粽子、元宵等。经核准，该商标注册人名义变更为北京稻香村食品有限责任公司（简称北京稻香村公司）。2006年7月，苏州稻香村食品工业有限公司（简称苏州稻香村公司）提出“稻香村及图”商标（简称被异议商标）的注册申请，指定使用商品为第30类的饼干、面包、糕点等。被异议商标初步审定公告后，北京稻香村公司提出异议申请。国家工商行政管理总局商标局裁定被异议商标准予注册。北京稻香村公司申请复审。商标评审委员会认为，被异议商标与引证商标属于近似商标，被异议商标指定使用的商品与引证商标核定使用的商品属于类似商品。苏州稻香村公司虽在饼干、糕点等商品上经受让在先取得由“稻香村”文字、“DXC”字母及图形外框组合而成的两个商标（简称在先取得商标），但该两商标与被异议商标在表现形式上差异较大，而与北京稻香村公司长期使用并有较高知名度的引证商标“稻香村”更为接近，如允许其注册，将打破业已形成的市场秩序，增加市场及相关公众混淆的可能性，因此，被异议商标与引证商标构成商标法第三十条所指使用在类似商品上的近似商标，裁定对被异议商标不予核准注册。苏州稻香村公司不服，提起行政诉讼。

案例点睛

北京稻香村公司的“稻香村”商标经过长期使用具有了较高的知名度，其与苏州稻香村公司在先取得商标之间已经存在能够区分的市场实际和稳定的市场秩序。被异议商标标识与其在先取得的商标差异较大，反而与北京稻香村公司的引证商标非常接近，因此苏州稻香村公司申请注册被异议商标，不能认定为对其在先已受让的稻香村商标声誉的延续，而是侵入到了北京稻香村公司商标的排他权范围内，打破了能够区分的市场实际和已经形成的稳定市场秩序，将导致消费者对商品来源的混淆误认，该案经审理后，一审法院判决维持了商标评审委员会的裁定，苏州稻香村公司虽提出上诉，但二审法院判决驳回上诉，维持一审判决。

法条链接

《中华人民共和国商标法》

第三十条 申请注册的商标，凡不符合本法有关规定或者同他人在同一种商品或者类似商品上已经注册的或者初步审定的商标相同或者近似的，由商标局驳回申请，不予公告。

五、广告监管

漫画故事 19

发布违法广告

《中华人民共和国广告法》：广告中表明推销的商品或者服务附带赠送的，应当明示所附带赠送商品或者服务的品种、规格、数量、期限和方式。

工商执法人员在位于平昌县某地门店现场检查时发现，店主牟某销售的皮鞋等产品正在开展促销活动。经查明：牟某经营的门店于2014年4月9日开业，2015年1月1日，牟某利用其所在市场开通的微信平台打广告，并在其门市右侧，竖立长0.8米，宽1.45米的广告牌，广告牌上写着“你扫码、我送钱，扫码就送300元”“年终福利，马上有惊喜，新品8折封顶，满500元立减100元，满300元立减50元”的广告语。经调查，在促销活动中卖家所谓的“送钱300”，送的是代金券：一张100元、两张50元、两张30元、两张20元。赠送的代金券在两年内按不同购买时间消费，每次购买时只能消费一张。消费时按购买的产品8折计算，如果购买商品的价格在500元以上的就可以使用100元的代金券一张，价格在300元以上500元以下的就可以使用50元的代金券一张，价格在200元以上300元以下的就可以使用30元的代金券一张，特价商品就可以使用20元的代金券一张，牟某经营的门店并未向消费者送过现金。

案例点睛

本案中，牟某在微信平台上打广告所用的广告语表述上不够清楚、明白，会让消费者误认为扫码送钱就是送现金，但事实上并未送现金，而是送代金券，并且还规定了代金券的使用方法。我国广告法中已明确规定，广告中对商品的性能、功能、产地、用途、质量、成分、价格、生产者、有效期限、允诺等或者对服务的内容、提供者、形式、质量、价格、允诺等有表示的，应当准确、清楚、明白。同时，广告中表明推销的商品附带赠送的，应当明示所附带赠送商品的品种、规格、数量、期限和方式，而本案中牟某在微信平台上所打的广告并没有涵盖这些内容。因此，牟某的行为显然违反了广告法的规定，应当由工商执法人员给予相应的处罚。

法条链接

《中华人民共和国广告法》

第八条 广告中对商品的性能、功能、产地、用途、质量、成分、价格、生产者、有效期限、允诺等或者对服务的内容、提供者、形式、质量、价格、允诺等有表示的，应当准确、清楚、明白。

广告中表明推销的商品或者服务附带赠送的，应当明示所附带赠送商品或者服务的品种、规格、数量、期限和方式。

法律、行政法规规定广告中应当明示的内容，应当显著、清晰表示。

漫画故事 20

广告夸大宣传

《中华人民共和国广告法》：违反广告法规定，发布虚假广告的，由工商行政管理部门责令停止发布广告，责令广告主在相应范围内消除影响。

上海某化妆品有限公司于2015年9月在上海某电视频道发布了该公司一款“晒美白”产品的广告，共16次，其中硬广告4次，标版12次，支付广告费用共计55万元。该广告含有“越晒越白，越晒越润”内容，宣称该化妆产品能使皮肤越晒越白。但相关专家表示，目前皮肤美容业界尚未发现任何成分可以起到在太阳下“越晒越白，越晒越润”的作用，皮肤越晒越白的宣传违反科学常识。同时，该化妆品广告被工商行政管理部门叫停后，此化妆品有限公司也承认“晒美白”这款产品无法真正改善肤质，不能使皮肤越晒越白。

案例点睛

现下化妆品广告铺天盖地，其中不乏虚假夸大宣传充斥其间，引起许多消费者的不满。本案中的化妆品广告中宣称该化妆品有“越晒越白，越晒越润”的作用，但相关专家证明该广告宣传明显违反科学常识，同时，该化妆品公司最终也承认，“晒美白”并没有广告中所说的功效。因此，该化妆品公司所发布的广告含有虚假的内容，夸大了化妆品的作用，容易误导消费者，工商行政管理部门有权责令停止发布广告，责令广告主在相应范围内消除影响，并可处以一定数额的罚款。

法条链接

《中华人民共和国广告法》

第四条 广告不得含有虚假或者引人误解的内容，不得欺骗、误导消费者。

第五十五条第一款 违反本法规定，发布虚假广告的，由工商行政管理部门责令停止发布广告，责令广告主在相应范围内消除影响，处广告费用三倍以上五倍以下的罚款，广告费用无法计算或者明显偏低的，处二十万元以上一百万元以下的罚款；两年内有三次以上违法行为或者有其他严重情节的，处广告费用五倍以上十倍以下的罚款，广告费用无法计算或者明显偏低的，处一百万元以上二百万元以下的罚款，可以吊销营业执照，并由广告审查机关撤销广告审查批准文件、一年内不受理其广告审查申请。

漫画故事21

虚假广告

《中华人民共和国广告法》：对商品的性能、功能、产地、用途、质量、规格、成分、价格、生产者、有效期限、销售状况、曾获荣誉等信息，或者服务的内容、提供者、形式、质量、价格、销售状况、曾获荣誉等信息，以及与商品或者服务有关的允诺等信息与实际情况不符，对购买行为有实质性影响的广告是虚假广告。

2016年3月1日，李某注册登记一家保健器材店，并聘请工作人员开始对滁州某医疗仪器有限公司生产的GK-5C型高电位治疗仪进行宣传，在店内利用宣传页、展板、讲座等形式宣传该治疗仪对预防现代病、消除亚健康、缓解心脑血管疾病和癌症等有独特疗效，还有净化血液、活化细胞、调节植物神经、提高人体免疫力、促进新陈代谢的作用，同时宣称对高血压、糖尿病等慢性病有改善作用；而GK-5C型高电位治疗仪的医疗器械注册证上载明的适用范围为：用于缓解颈、肩、腰、腿、关节疾病和软组织损伤引起的慢性疼痛。

案例点睛

虚假广告是指以虚假或者引人误解的内容欺骗、误导消费者的广告。本案中，李某在销售宣传过程中利用宣传页、展板、讲座等形式对GK-5C型高电位治疗仪进行宣传的内容并不在该医疗器械注册证上载明的适用范围内，李某对该医疗器械用途等的宣传与实际情况不符，对消费者的购买行为将会产生实质性影响。当地工商行政主管部门可以依据《中华人民共和国广告法》第五十五条第一款规定，责令当事人停止发布上述广告、消除影响，并处罚款。

法条链接

《中华人民共和国广告法》

第二十八条 广告以虚假或者引人误解的内容欺骗、误导消费者的，构成虚假广告。

广告有下列情形之一的，为虚假广告：

（一）商品或者服务不存在的；

（二）商品的性能、功能、产地、用途、质量、规格、成分、价格、生产者、有效期限、销售状况、曾获荣誉等信息，或者服务的内容、提供者、形式、质量、价格、销售状况、曾获荣誉等信息，以及与商品或者服务有关的允诺等信息与实际情况不符，对购买行为有实质性影响的；

（三）使用虚构、伪造或者无法验证的科研成果、统计资料、调查结果、文摘、引用语等信息作证明材料的；

（四）虚构使用商品或者接受服务的效果的；

（五）以虚假或者引人误解的内容欺骗、误导消费者的其他情形。

六、消费者权益保护

漫画故事 22

酒楼索要“开瓶费”

《中华人民共和国消费者权益保护法》：经营者在经营活动中使用格式条款的，应当以显著方式提请消费者注意商品或者服务的数量和质量、价款或者费用、履行期限和方式。

2015年11月13日，王先生到某大酒楼用餐时自带了一瓶白酒。用餐后，酒楼服务员收取了296元餐费，王先生发现其中包含了100元的开瓶服务费。付款时，王先生要求酒楼在发票上注明“开瓶费”字样，被拒绝。该酒楼只在商业小票上注明此100元为“服务费”。王先生认为，该酒楼向其收取开瓶费是带有强制性的行为，侵害了其公平交易权，因此向海淀区人民法院提起诉讼，要求对方返还开瓶费100元，并赔礼道歉。该酒楼辩称，酒楼菜谱中已经注明“客人自带酒水按本酒楼售价的50％另收取服务费，本酒楼没有的酒水按100元每瓶收取服务费”等相关内容，故不应返还。

案例点睛

根据消费者权益保护法的相关规定可知，经营者不得以格式条款、通知、声明、店堂告示等方式，作出排除或者限制消费者权利、减轻或者免除经营者责任、加重消费者责任等对消费者不公平、不合理的规定，不得利用格式条款并借助技术手段强制交易。该酒楼在菜谱中注明的自带酒水另收取服务费的规定是单方意思表示，属格式条款，对于加重消费者义务的重要条款，提供合同方如果没有以一些特别标示指明或出现于一些特别显著醒目的位置，则无法推定消费者已经明知。该酒楼没有证据证明其事前明示消费者收取开瓶服务费，侵犯了消费者的知情及公平交易的权利，因此法院判决其返还王先生开瓶费100元。

法条链接

《中华人民共和国消费者权益保护法》

第二十六条 经营者在经营活动中使用格式条款的，应当以显著方式提请消费者注意商品或者服务的数量和质量、价款或者费用、履行期限和方式、安全注意事项和风险警示、售后服务、民事责任等与消费者有重大利害关系的内容，并按照消费者的要求予以说明。

经营者不得以格式条款、通知、声明、店堂告示等方式，作出排除或者限制消费者权利、减轻或者免除经营者责任、加重消费者责任等对消费者不公平、不合理的规定，不得利用格式条款并借助技术手段强制交易。

格式条款、通知、声明、店堂告示等含有前款所列内容的，其内容无效。

漫画故事23

“标错价”不是理由

《中华人民共和国消费者权益保护法》：经营者有对消费者提出的修理、重作、更换、退货、补足商品数量、退还货款和服务费用或者赔偿损失的要求，故意拖延或者无理拒绝的情形的，除承担相应的民事责任外，其他有关法律、法规对处罚机关和处罚方式有规定的，依照法律、法规的规定执行。

2014年11月5日，北京市某工商分局连续接到消费者投诉，称某电商网站以“标错价”为由拒绝履行订单。某消费者反映：该网站在未与其进行协商的情况下，擅自删除其于2014年10月27日在该网站上购买商品的订单。经调查，该网站工作人员将销售价为149元的一款手提包，标价94元，并于2014年10月27日20时10分开始优惠活动，20时20分左右在网上推广优惠信息，至20时32分，该电商网站对此产品作下架处理。在此期间的12分钟里，网民抢购共产生订单1万个，涉及消费者上万人。11月3日，该网站以“标错价”为由对该商品进行删单处理，随后就出现大量投诉和举报，要求恢复订单、补足所订购的商品数量。据了解，该电商网站购进该款商品仅150件，远远不能满足消费者的订单需要。

案例点睛

从本案案情看，某电商网站与消费者订立了订单，其与消费者之间买卖合同关系成立，订单有效。该网站在调解过程中提出商品价格存在“标错价”情况，不是其真实意思表示。根据合同法第五十四条的规定，因重大误解订立的合同，当事人一方有权请求人民法院或者仲裁机构变更或撤销。但是，该网站未向法院或者仲裁机构提出相关申请，在订单有效的情形下单方取消订单，无理拒绝消费者补足商品数量要求，侵害众多消费者的合法权益，在问题出现时，也未与消费者平等协商，采取有诚意的措施取得消费者的谅解，而是采取无理拒绝、直接删除订单的方式予以处理，其行为违反了消费者权益保护法的规定，是对消费者提出的合法要求故意拖延或者无理拒绝的违法行为。

法条链接

《中华人民共和国消费者权益保护法》

第五十六条第一款 经营者有下列情形之一，除承担相应的民事责任外，其他有关法律、法规对处罚机关和处罚方式有规定的，依照法律、法规的规定执行；法律、法规未作规定的，由工商行政管理部门或者其他有关行政部门责令改正，可以根据情节单处或者并处警告、没收违法所得、处以违法所得一倍以上十倍以下的罚款，没有违法所得的，处以五十万元以下的罚款；情节严重的，责令停业整顿、吊销营业执照：

（一）提供的商品或者服务不符合保障人身、财产安全要求的；

（二）在商品中掺杂、掺假，以假充真，以次充好，或者以不合格商品冒充合格商品的；

（三）生产国家明令淘汰的商品或者销售失效、变质的商品的；

（四）伪造商品的产地，伪造或者冒用他人的厂名、厂址，篡改生产日期，伪造或者冒用认证标志等质量标志的；

（五）销售的商品应当检验、检疫而未检验、检疫或者伪造检验、检疫结果的；

（六）对商品或者服务作虚假或者引人误解的宣传的；

（七）拒绝或者拖延有关行政部门责令对缺陷商品或者服务采取停止销售、警示、召回、无害化处理、销毁、停止生产或者服务等措施的；

（八）对消费者提出的修理、重作、更换、退货、补足商品数量、退还货款和服务费用或者赔偿损失的要求，故意拖延或者无理拒绝的；

（九）侵害消费者人格尊严、侵犯消费者人身自由或者侵害消费者个人信息依法得到保护的权利的；

（十）法律、法规规定的对损害消费者权益应当予以处罚的其他情形。

漫画故事 24

50 升油箱加出 60 升油

《中华人民共和国消费者权益保护法》：消费者在购买商品或者接受服务时，有权获得质量保障、价格合理、计量正确等公平交易条件。

2015年1月11日，某市窦女士开着自家轿车到某加油站加油，她告诉工作人员要把油箱加满，油箱加满后工作人员告知说共加了60升油，每升的油价是8.02元，窦女士需支付481元的油价款。窦女士觉得遇上了“蹊跷”事：“我的油箱标明容量才50升，怎么可能加出60升的油，一定是加油站计量出问题了。”随即拨打投诉电话。后某市消协人员与质量技术监督局相关工作人员带着专用检测设备，对这家加油站进行了现场检测，技术人员分别用50升与60升标准计量桶对加油机

发油准确度进行测量，结果加油机测试均合格，加油枪合格。但检测合格之后，窦女士依旧疑惑不解，无法认同检测结果，要求验证油箱容量，执法人员将油箱卸下倒净箱内余油，通过执法人员带来的标准容器向油箱里加油，结果也加了60升才将油箱加满。

案例点睛

本案中，窦女士因50升油箱却加出来了60升的油而对某市加油站的计量产生怀疑，遂进行投诉，以保护自己的合法权益。实际上是因为窦女士对油箱的“标称容量”和“最大容量”的概念产生了误解。消协工作人员联合某市质量技术监督局带着专用检测设备，对这家加油站进行了现场检测，证实了油箱标明的容量50升是“安全容量”，一般是小于“最大容量”，加油站的计量是正确的，并没有损害窦女士的合法权益。通过本案也要提醒消费者注意，汽车油箱不是标准容器，标称的汽车油箱容量为汽车油箱的安全容量，不能作为评判加油机是否计量准确的依据。

法条链接

《中华人民共和国消费者权益保护法》

第十条 消费者享有公平交易的权利。

消费者在购买商品或者接受服务时，有权获得质量保障、价格合理、计量正确等公平交易条件，有权拒绝经营者的强制交易行为。

生产者的产品责任

《中华人民共和国产品质量法》：产品或者其包装上的标识必须真实，使用不当，容易造成产品本身损坏或者可能危及人身、财产安全的产品，应当有警示标志或者中文警示说明。

2012年6月26日，孟女士带着4周岁的儿子去深圳游泳，在某超市分店购物时，其认为购物车前部设置的婴儿座位太小，孩子在上面不舒服，便自作主张让小孩坐在购物车的下层。当时超市处于营业高峰期，顾客特别多，一位顾客后退时撞倒了孟女士的购物车，小孩从车上掉下来且被碰伤，孟女士以购物车没有明确标示下层有危险为由要求商场予以赔偿。双方不能达成一致意见，孟女士遂向深圳市消协投诉。

案例点睛

本案主要是产品标识不确定引起的纠纷，其责任主要应由生产厂家承担。

生产者要对产品标识负责。产品标识是指由生产者提供的，在产品或包装上为识别产品及产品特性等所做的表述。产品标识能够使广大用户和消费者选择产品，正确使用产品，维护产品。因此，产品标识一定要名副其实、准确无误、标准规范，符合产品质量法的要求，使消费者准确选择和正确使用商品，因而正确、准确标注产品标识，是生产者的法定义务，对消费者而言则是一种知悉权。本案中，购物车的生产厂家违反了产品质量法中对生产者要求的设置产品标识的义务。具体违反的义务为：对使用不当，容易造成产品本身损坏或者可能危及人身、财产安全的产品，没有警示标志或者中文警示说明。因而，该购物车的生产厂家是本案中主要责任的承担者。

法条链接

《中华人民共和国产品质量法》

第二十六条 生产者应当对其生产的产品质量负责。

产品质量应当符合下列要求：

（一）不存在危及人身、财产安全的不合理的危险，有保障人体健康和人身、财产安全的国家标准、行业标准的，应当符合该标准；

（二）具备产品应当具备的使用性能，但是，对产品存在使用性能的瑕疵作出说明的除外；

（三）符合在产品或者其包装上注明采用的产品标准，符合以产品说明、实物样品等方式表明的质量状况。

第二十七条第一款第（五）项 产品或者其包装上的标识必须真实，并符合下列要求：

（五）使用不当，容易造成产品本身损坏或者可能危及人身、财产安全的产品，应当有警示标志或者中文警示说明。

漫画故事 26

销售者的瑕疵担保责任

《中华人民共和国产品质量法》：售出的产品不符合以产品说明、实物样品等方式表明的质量状况的，销售者应当负责修理、更换、退货；给购买产品的消费者造成损失的，销售者应当赔偿损失。

2013年2月4日，王某在某百货公司买到一台冰箱，冰箱附有产品合格证。王某买回冰箱6天后，发现冰箱噪音太大，就去找百货公司交涉，百货公司说冰箱一开始使用时有些噪音是正常的，过一段时间就会好。没过多长时间，冰箱的制冷器又出了问题，到后来完全丧失了冷冻食品的功能，成了一个食品储藏柜。王某再去找百货公司，百货公司说冰箱不是他们生产的，冰箱不制冷属冰箱的技术问题，此事只有生产厂家才能解决，因此让王某去找生产厂家。王某觉得生产厂家离本市有上千公里，况且冰箱又不像小件物品，可以来回搬运，只有先找百货公司，让百货公司找生产厂家。王某遭到百货公司拒绝，遂于2013年6月15日向人民法院起诉，要求百货公司对冰箱进行维修，如修理不好，应负责退货。

案例点睛

本案中产品的销售者有义务承担瑕疵担保责任。瑕疵担保责任的产生，前提是当事人之间应有合法的合同关系，同时还要求销售者不适当地履行合同，即销售者销售的商品不符合产品质量法第四十条规定的3种情形或不符合合同约定的质量要求的，销售者就要承担产品瑕疵担保责任。依产品质量法的规定，销售者应承担：（1）修理、更换、退货责任；（2）赔偿损失责任。但是，生产者之间、销售者之间、生产者与销售者之间订立的产品购销、加工承揽合同有不同约定的，合同当事人按照合同约定执行，即销售者与生产者、供货者已经明确约定事后处理纠纷的事项，那么当事人应按约定承担责任。根据本案的实际情况，某百货公司应对王某购买的冰箱进行退货。如果百货公司要行使追偿权，则按产品质量法的规定办理。

法条链接

《中华人民共和国产品质量法》

第四十条　售出的产品有下列情形之一的，销售者应当负责修理、更换、退货；给购买产品的消费者造成损失的，销售者应当赔偿损失：

（一）不具备产品应当具备的使用性能而事先未作说明的；

（二）不符合在产品或者其包装上注明采用的产品标

准的；

（三）不符合以产品说明、实物样品等方式表明的质量状况的。

销售者依照前款规定负责修理、更换、退货、赔偿损失后，属于生产者的责任或者属于向销售者提供产品的其他销售者（以下简称供货者）的责任的，销售者有权向生产者、供货者追偿。

销售者未按照第一款规定给予修理、更换、退货或者赔偿损失的，由产品质量监督部门或者工商行政管理部门责令改正。

生产者之间，销售者之间，生产者与销售者之间订立的买卖合同、承揽合同有不同约定的，合同当事人按照合同约定执行。

漫画故事 27

网上商城虚假刷单

《网络交易管理办法》：以虚构交易、删除不利评价等形式，为自己或他人提升商业信誉属于不正当竞争行为。

吴某于2011年10月在天猫商城设立并运营名为某旗舰店的网店，销售紫砂壶产品。自2013年开始，吴某在其网店发布了"'××'宜兴名家紫砂壶国家助工陈某全手工紫砂茶壶朱泥扁西施壶"的产品信息。他在上述产品信息介绍页面中使用"最佳"等字样内容。工商执法人员查明，吴某自发布该产品信息后，通过QQ群搜索"淘宝刷单”字样，随后加入一个名为“品源群”的QQ群。其通过该群与“刷单”人员联系，由“刷单”人员在网上拍下吴某在天猫网店内的产品，吴某接单后，实际不发“刷单”人员拍的产品，换成不值钱的物品快递给“刷单”人员，最后“刷单”人员确认收货，完成一次“刷单”。吴某根据每一单“刷单”人员的银行账号，将拍下后“刷单”需要支付的费用加上谈好的具体每一单的“刷单”费用（劳务费用）支付给“刷单”人员，从而完成整个“刷单”行为。经确认，该产品实际交易量只有网页显示交易量的一半。

案例点睛

该网店在产品页面中使用“最佳”等字样的行为违反了广告法的规定，构成了使用绝对化广告用语的行为。根据相关规定，执法机关应责令其停止发布违法广告。虚构交易有三种表现形式：“刷榜”“刷单”“刷钻”，其行为使得特殊的评比、荐证的诚信机制完全失灵，沦为虚假宣传的道具，完全扭曲了真实的市场供求关系，不但导致虚假营销之风盛行，而且从根本上动摇了网络电商平台的诚信基础，最终伤害的是电商市场的未来。吴某在天猫网店销售该产品过程中，采用虚构交易形式来增加自己产品的网上销量、提升自身商业信誉的“刷榜”行为，严重破坏了网络交易市场的生态环境，扰乱了正常的公平交易秩序，排挤了合法合规、诚实守信经营用户的交易机会，违反了《网络交易管理办法》第十九条第四项的规定，构成了不正当竞争行为。

法条链接

《网络交易管理办法》

第十九条第（四）项 网络商品经营者、有关服务经营者销售商品或者服务，应当遵守《反不正当竞争法》等法律的规定，不得以不正当竞争方式损害其他经营者的合法权益、扰乱社会经济秩序。同时，不得利用网络技术手段或者载体等方式，从事下列不正当竞争行为：

（四）以虚构交易、删除不利评价等形式，为自己或他人提升商业信誉；